코끼리똥

코끼리 똥

헬메 하이네 글·그림 | 이지연 옮김

1판 12쇄 펴낸날 2020년 4월 20일 | 펴낸이 강경태 | 펴낸곳 (주)베틀북 | 등록번호 제16-1516호
주소 서울시 강남구 테헤란로84길 12 (우)06178 | 전화 (02)2192-2300 | 팩스 (02)2192-2399

ELEFANTENEINMALEINS
Copyright ⓒ 1996 by Helme Heine
Korean translation copyright ⓒ 2001 by Better Books Co., Ltd.
Korean translation rights was arranged with Middehauve Verlags GmbH through Eric Yang Agency, Seoul, Korea.

이 책은 베틀북과 Middehauve Verlags GmbH의 독점 계약에 따라 그 한국어판 출판권이 베틀북에 있습니다.
저작권법에 의해 한국 내에서 보호를 받는 저작물이므로 무단전재와 무단복제를 금합니다.

ISBN 978-89-8488-106-8 77850

코끼리똥

헬메 하이네 글·그림 | 이지연 옮김

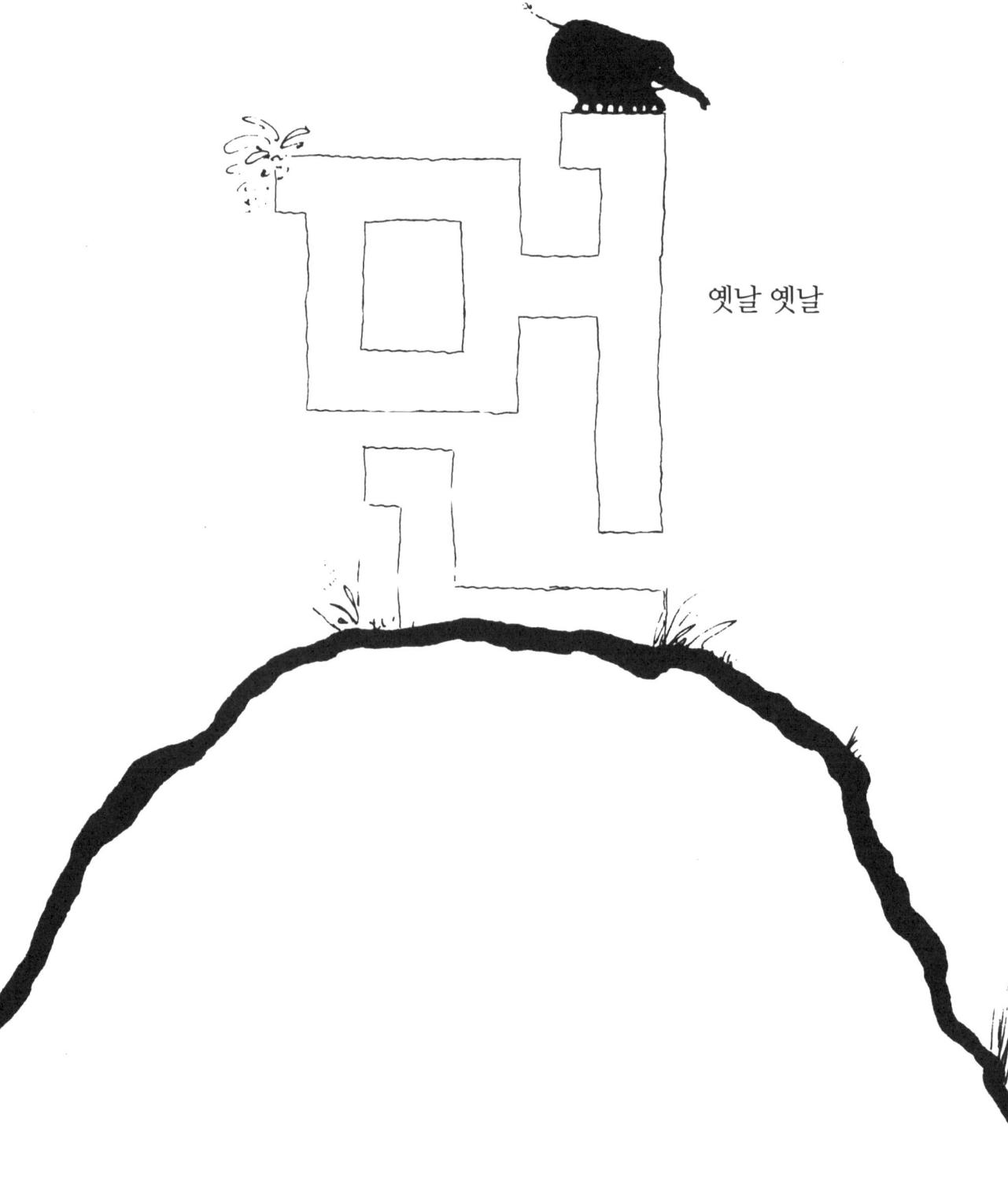

옛날 옛날

너무나 배가 고픈 아기코끼리 한 마리가 살았어요.

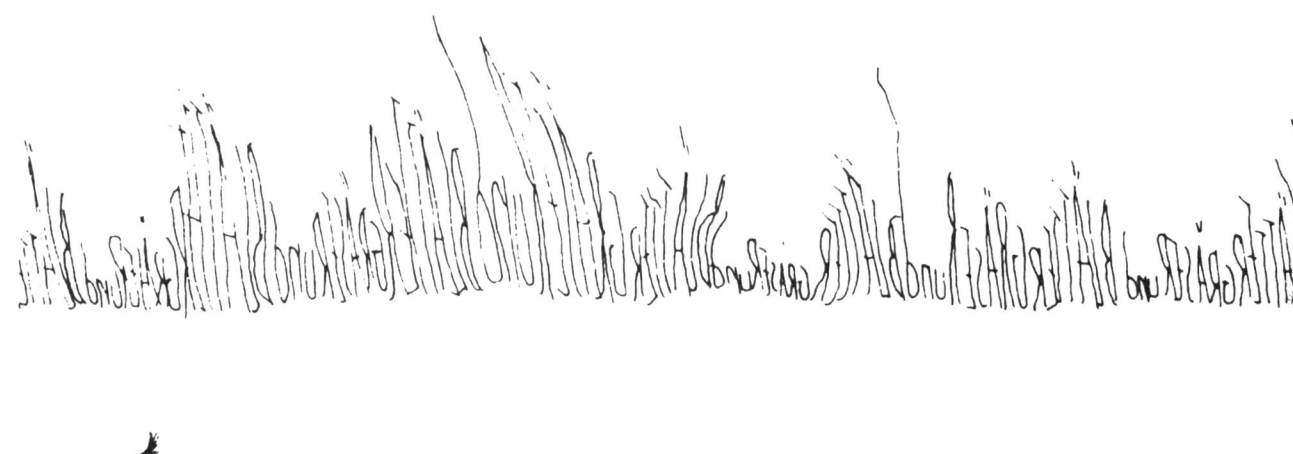

아기코끼리는 아침부터 저녁까지 쉬지 않고 풀과 나뭇잎을 먹었어요.
배가 불러서 더 이상 아무 것도 먹을 수 없을 때까지 말이에요.

어느 날 아기코끼리는 사르르 잠이 들었어요.
그리고 커다란 건초더미를 신나게 먹는 꿈을 꾸었지요.

날마다 아침이 되면 아기코끼리는 제일 먼저 이를 닦고,
물 100리터를 마셨어요.

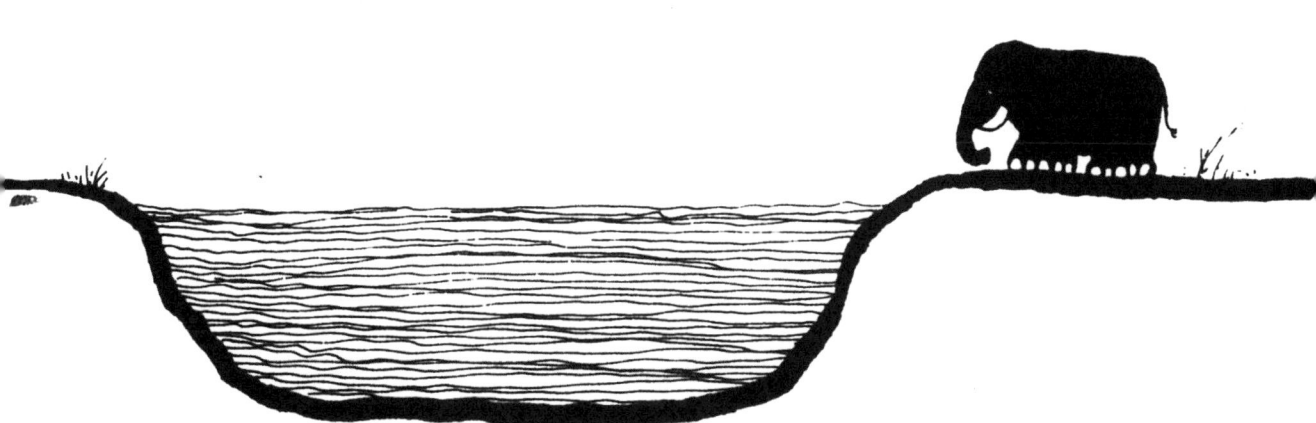

그런 다음 아기코끼리는 커다란 똥을 만들었어요.
커다랗고 둥근 게 꼭 축구공 같았어요.
코끼리 똥 1개.

아기코끼리는 늘 뱃속이 허전하고 배가 고팠어요.
그래서 풀과 나뭇잎을 먹고 또 먹었어요,
배가 부를 때까지 말이에요.
또 다시 아기코끼리는 사르르 잠이 들었어요.
이번에도 커다란 건초더미를 먹는 꿈을 꾸었지요.

하루하루가 이렇게 지나갔어요.
바로 그 아침이 올 때까지요.
아기코끼리는 이를 닦고, 물 100리터를 마시고,
크고 둥근 똥을 만들었어요.

크고 둥근 똥 2개가 아기코끼리 뱃속에서 나왔어요.
아기코끼리는 너무 기뻐서 하늘 높이 껑충 뛰어올랐어요.
그리고 똥 주변을 둥글게 원을 그리며 돌았답니다.
코끼리 똥 2개.

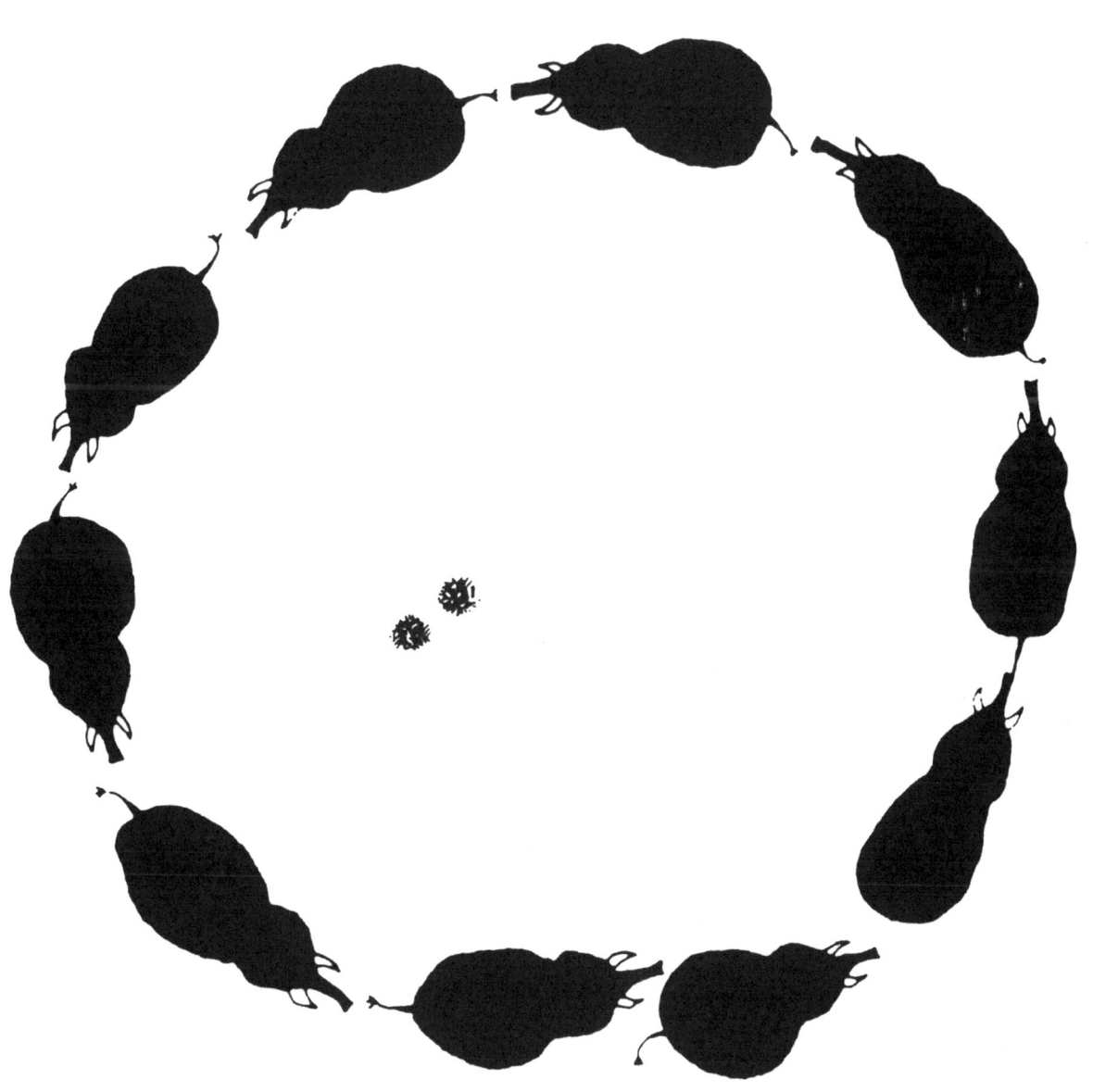

아기코끼리는 큰 소리로 나팔을 불었어요,
풀과 나무들이 떨릴 만큼이요.
그리고 깨달았어요. 오늘이 자기 생일이고
이젠 두 살이 되었다는 것을 말이에요.
아기코끼리는 더 큰 어른이 되기 위해서
더 많이 먹어야겠다고 결심했어요.

얼마나 빨리 나이를 먹는지 아기코끼리는 잘 몰랐어요.
그 날 아침 똥 3개를 만들었을 때까지 말이에요.
신나요! 하나, 둘, 셋!

그렇게 여러 해가 지나갔어요.
해마다 코끼리 똥이 하나씩 늘어나는 날은 꼭 찾아왔답니다.
이제 아기코끼리는 어른코끼리가 되었어요.
더욱 커다랗고 둥근 똥을 만들 수 있었지요.
크고 둥근 게 정말 축구공 같았답니다.
이제 똥은 50개나 되었어요.
코끼리 똥 50개!

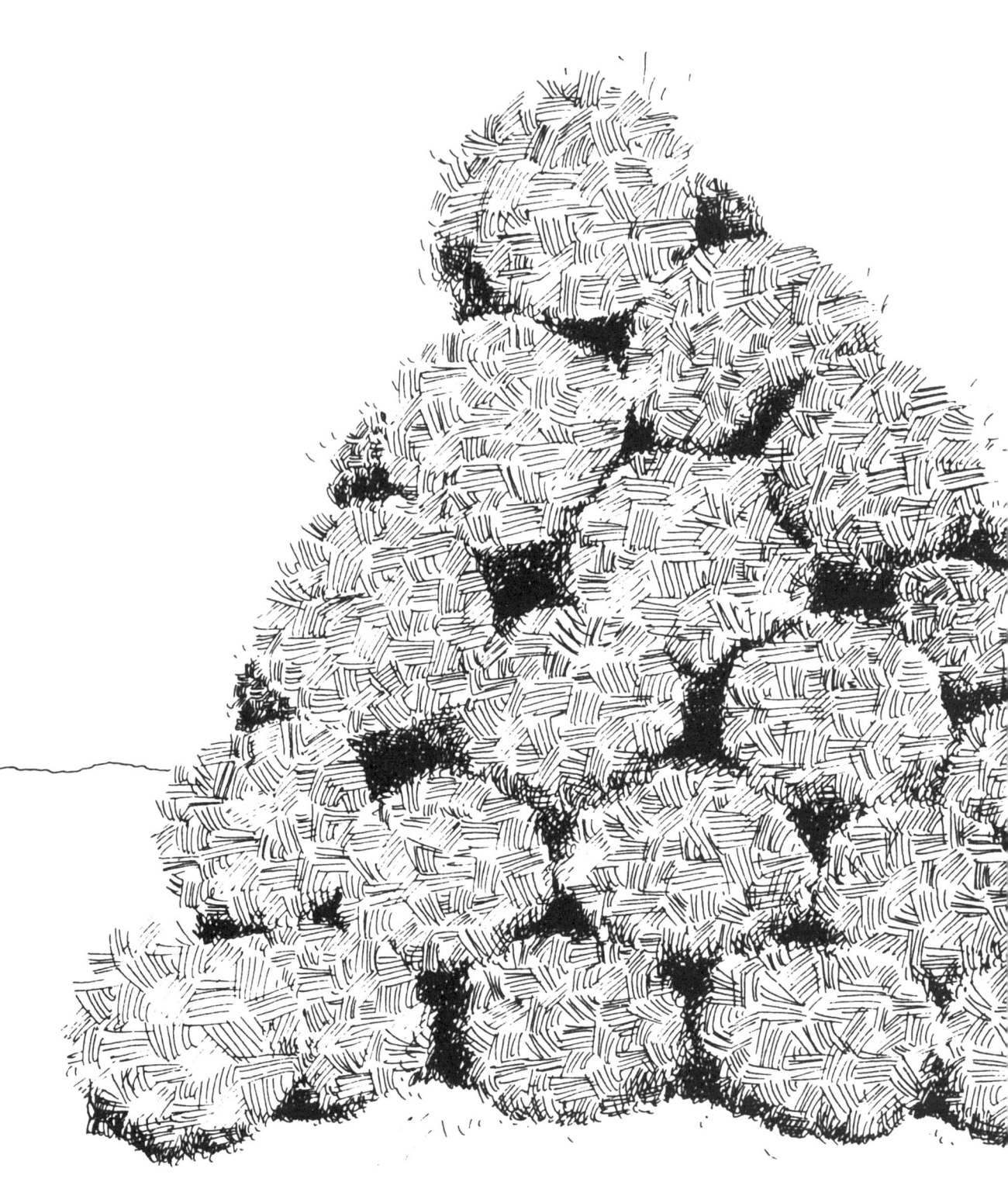

다른 아기코끼리들은 이 커다란 코끼리 똥 언덕을 부러워했어요.
아직 50까지 셀 수 없었거든요.

우선 1 더하기 1은 2이고, 2 더하기 1은 3이라는 것을
알아야 했지요.
기억력이 좋은 어른코끼리들은 더하기를 할 수 있었어요.
똑똑한 어른코끼리들은 쉰 번째 생일까지 코끼리 똥을
몇 개 만들어야 하는지 잘 알고 있었어요.

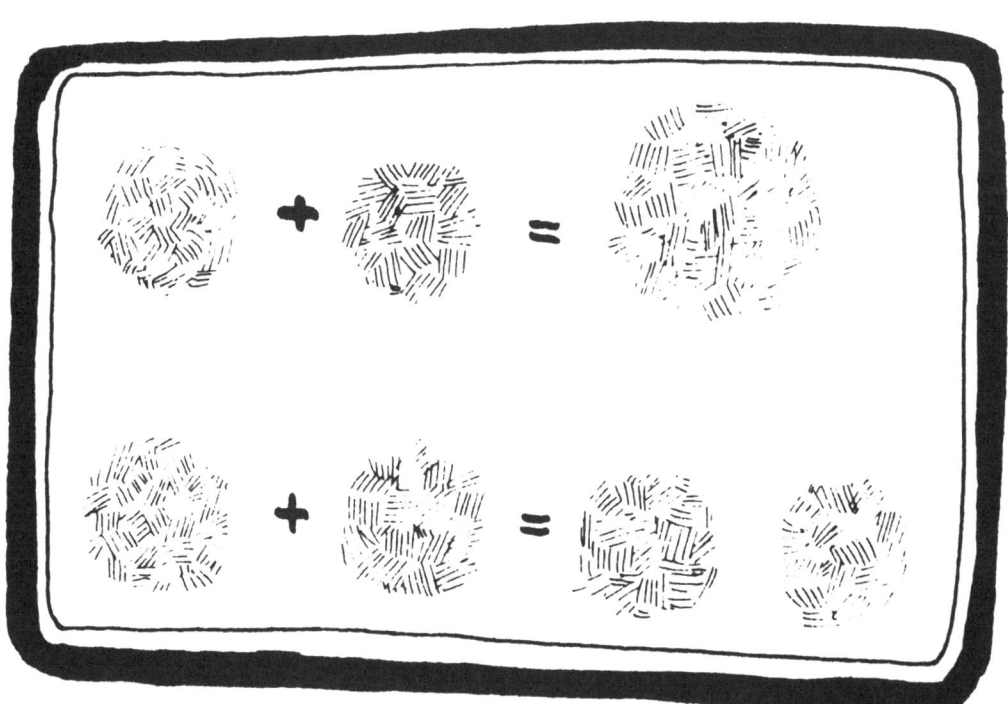
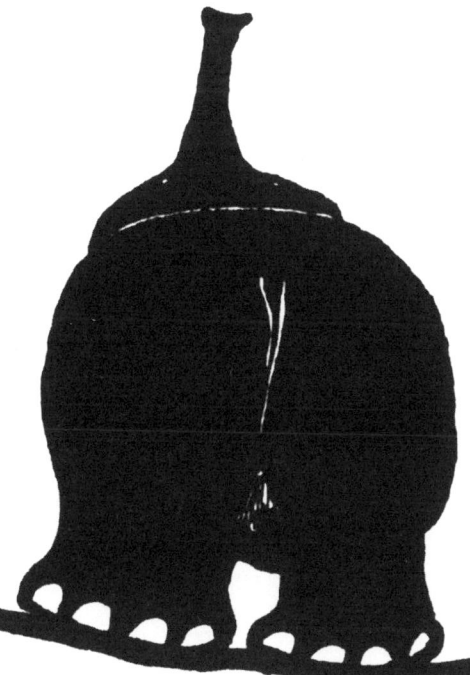

첫 번째 해에는 365×1은 365,
두 번째 해에는 365×2,
세 번째 해에는 365×3…
이렇게 계속해서 쉰 번째 해까지 이어졌어요.
모두 합하면 코끼리 똥은 465,375개예요.

거대한 산이에요.
똑똑한 코끼리들조차 셀 수 없을 정도로
똥이 많이 쌓여 있어요.

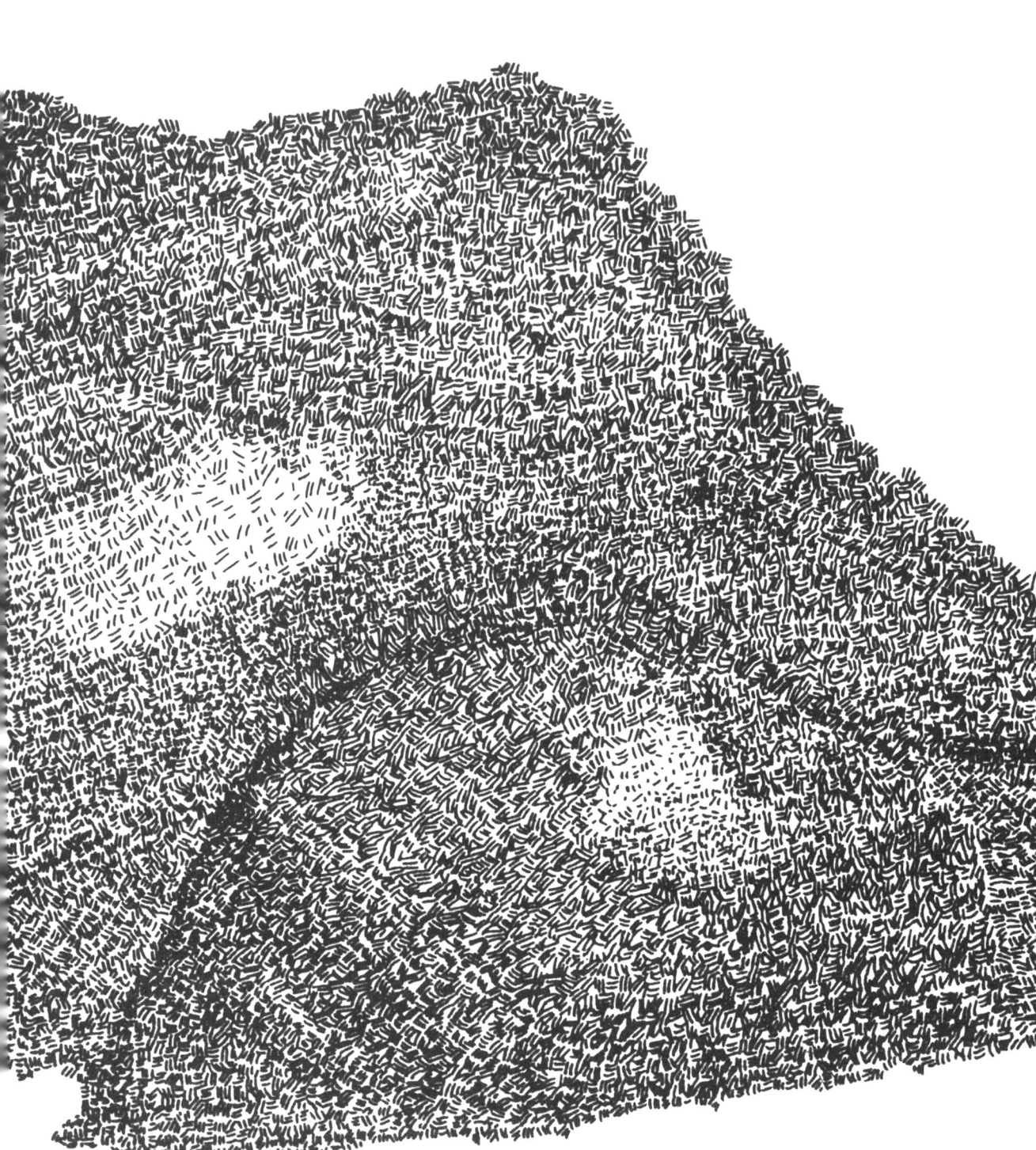

매일 아침 50까지 셀 수 있는 어른이 된 코끼리는 매우 행복했어요.
그러나 365일째 되는 날, 뜻밖의 일이 일어났어요.
…마흔여섯…

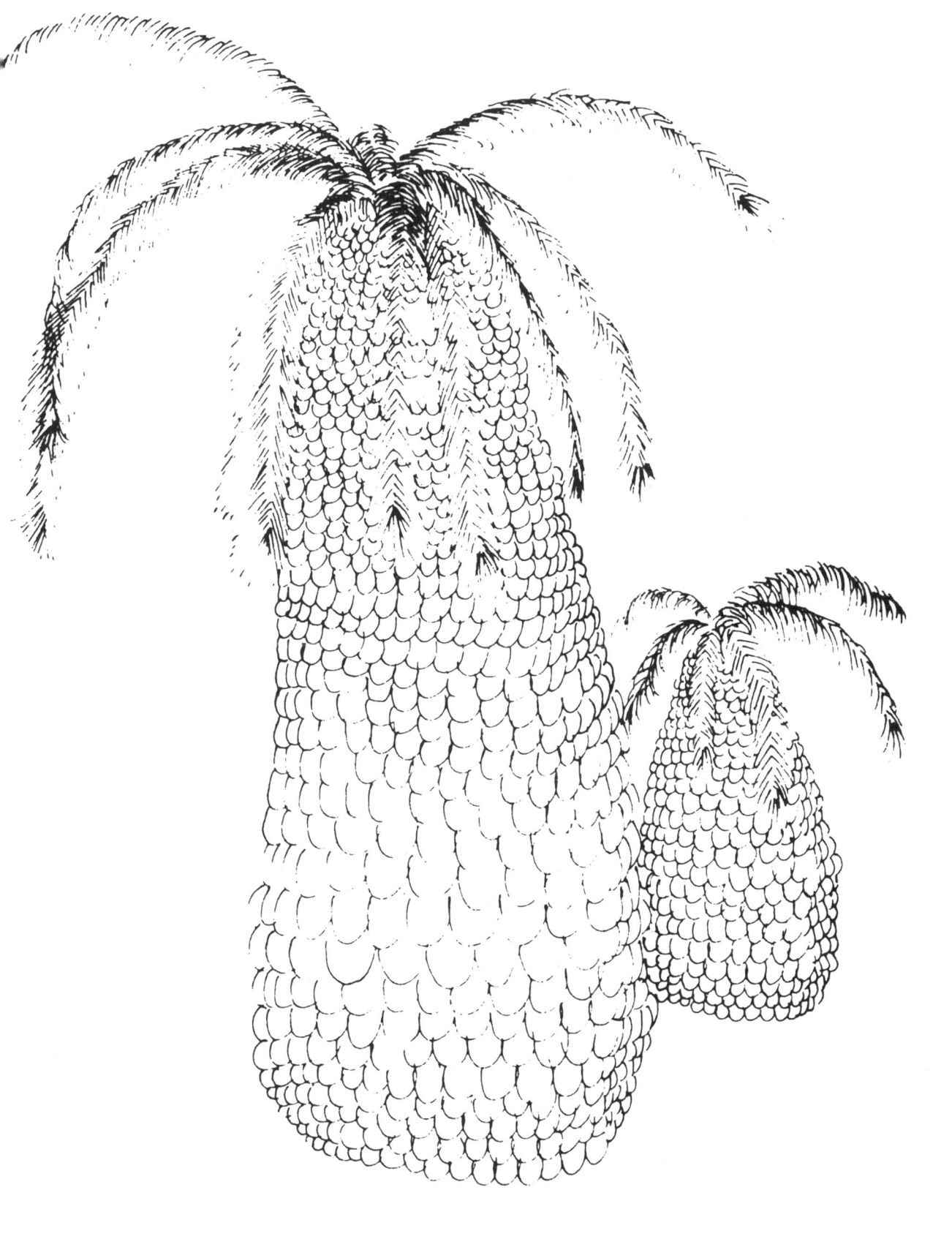

마흔일곱…

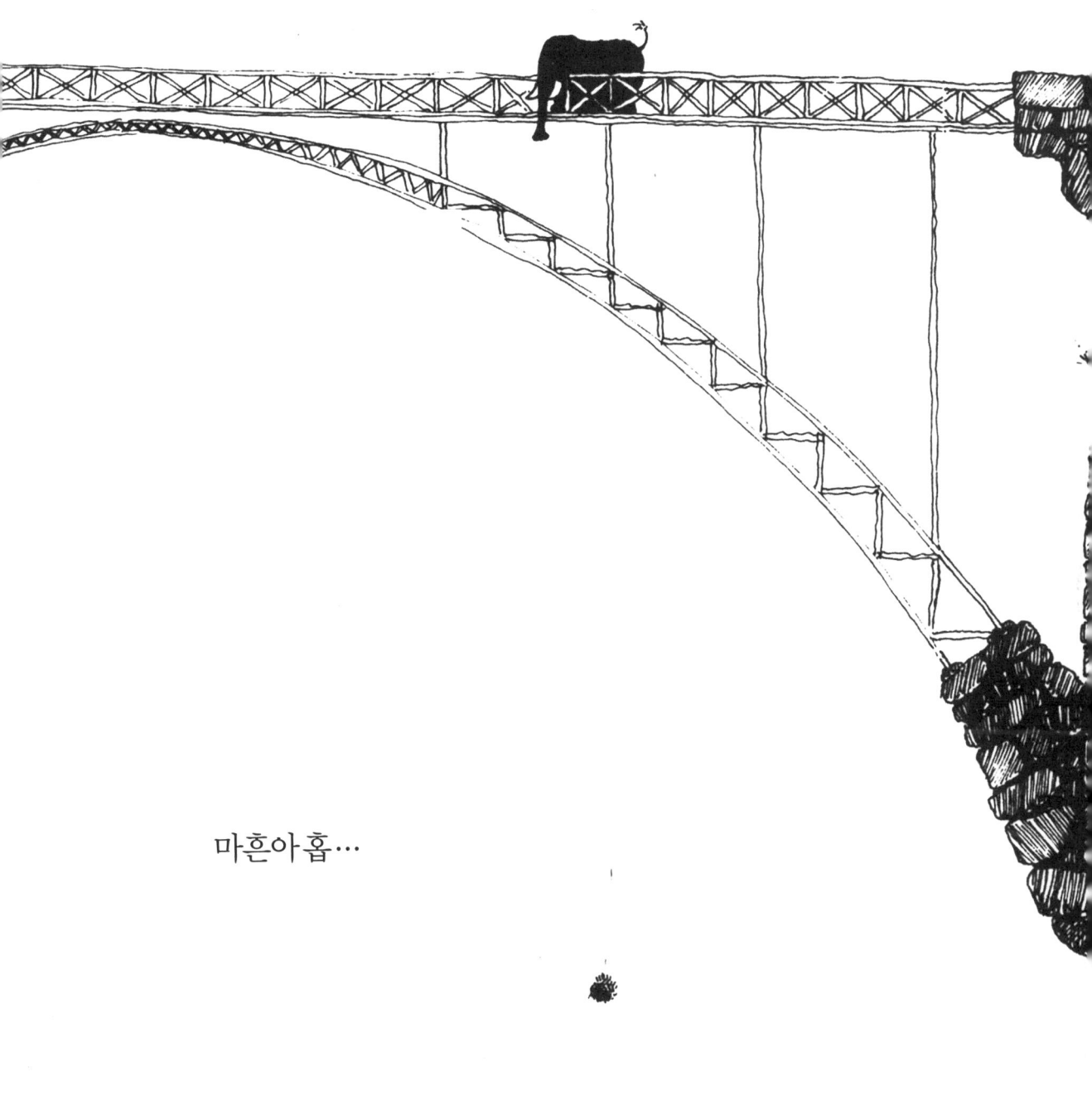

마흔아홉…

그게 다였어요. 배에다 아무리 힘을 줘 봐도 49개가 다였어요.
코끼리가 잘못 세었을까요?
차근차근 다시 세어 봤지만, 잘못된 건 아무 것도 없었어요.
마흔아홉.

어른이 된 코끼리는 정말 실망했어요.
오랫동안 골똘히 생각해 봤지만
방법을 찾지 못했어요.
다음날에도 그 다음날에도,
그 다음날의 다음날에도 상황은 똑같았어요.
코끼리 똥 49개.
어쨌든 코끼리는 다가오는 생일에
무슨 일이 일어날까 기대에 차 있었어요.

다시 365일째 되는 날에 코끼리는 서둘러 이를 닦고,
물 100리터를 단숨에 마셨어요.
그리고 큰 소리로 세기 시작했어요.

하나, 둘, 셋…

마흔여섯…

마흔일곱…

마흔여덟…

더 이상 셀 수가 없었어요.

그제서야 코끼리는 자기에게 주어진 생명의 반을
넘어섰다는 걸 깨닫게 되었어요.

"50년 동안 난 해마다 1개씩 더하기만 해 왔어.
앞으로 남아 있는 50년 동안에는 해마다 1개씩 빼 가는 거야."

"내가 제대로 셈을 하면 끝날 때는 시작할 때와 똑같은 수가 되겠지. 정말 대단한 일이야."

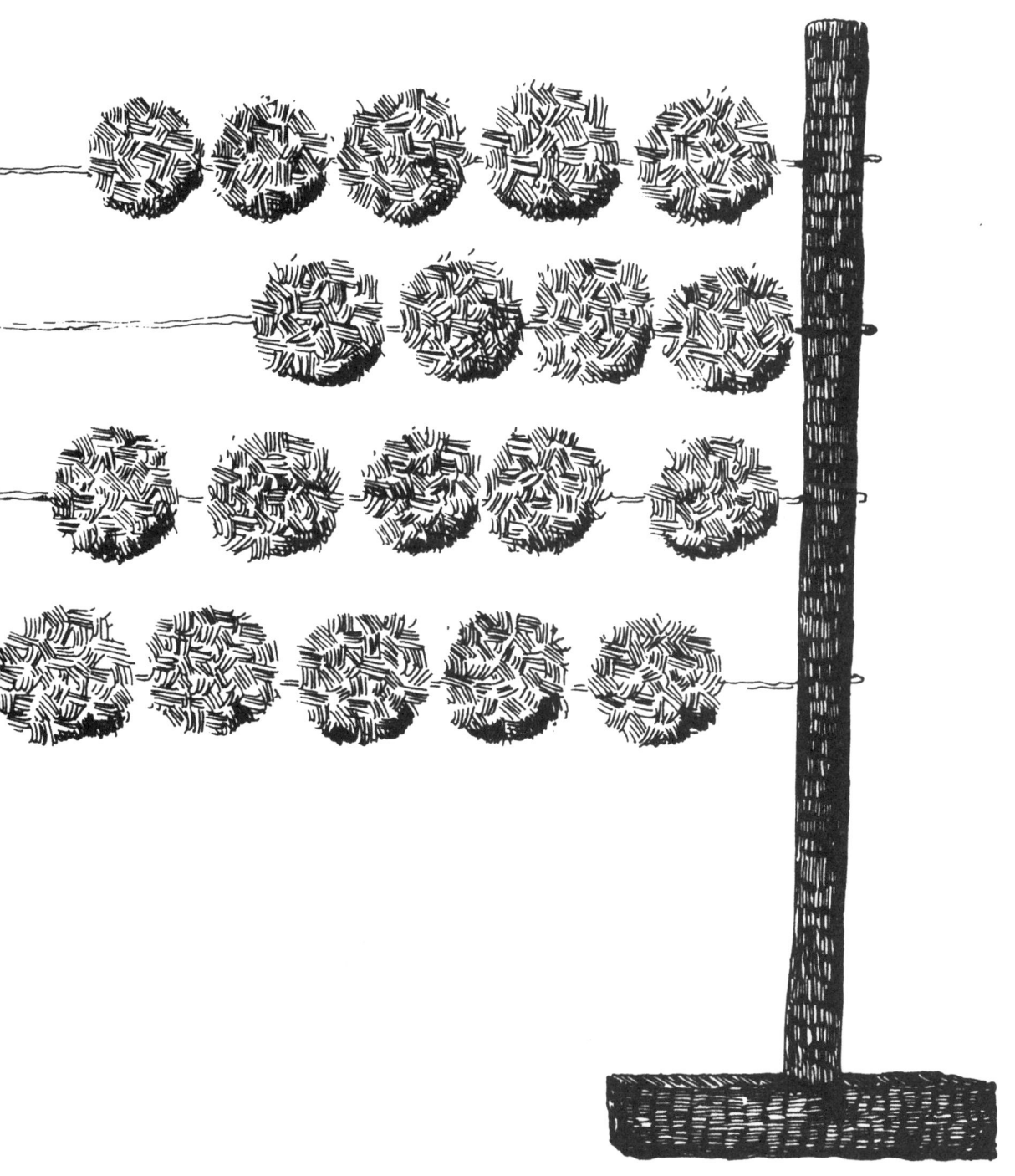

코끼리는 기운이 넘치고 행복해져서 다음날 아침까지 기다리기가 힘들었어요. 코끼리가 제대로 셈을 했을까요?

여러 해가 지나갔어요.
코끼리는 나이가 들어 쭈글쭈글해졌고, 이가 누렇게 되었어요.

마침내 코끼리가 단 하나의 똥을 만드는 날이 왔어요.
지난 날들은 코끼리에게 축복의 나날이었어요.

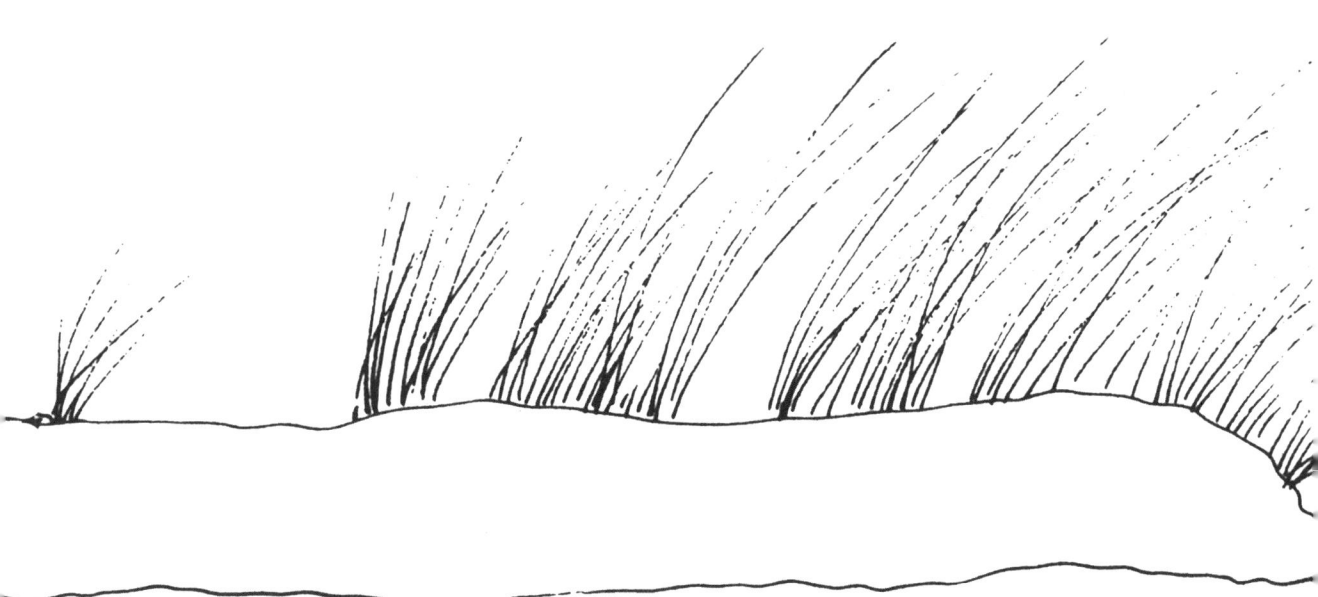

364일째 되는 날 코끼리는 갑자기 불안해졌어요.
코끼리의 셈이 맞다면, 오늘 코끼리는
마지막 똥을 만드는 게 되니까요.
정말로 마지막일까요?
그리고 내일 코끼리는 살아 있을까요?

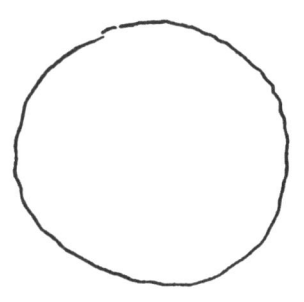

그 날 밤 코끼리는 꿈도 꾸지 않고 잠을 잤어요.
눈을 떴을 때 하늘 나라에 있는 것은 아닐까 생각했어요.
하지만 눈을 떠 보니 지난 100년 동안
코끼리가 살던 곳 그대로였어요.
코끼리는 천천히 강으로 갔어요.
이를 닦고 물을 마셨어요.

그리고 코끼리는 기다렸어요. 가만히 서서 기다렸어요.
하지만 똥은 더 이상 나오지 않았어요.

"나는 처음 50년 동안 똥 465,375개를 만들었어.
또 다음 50년에도 똥 465,375개를 만들었지.
내가 한쪽에서 한 개씩 빼 나가면
0이 되는 거야."

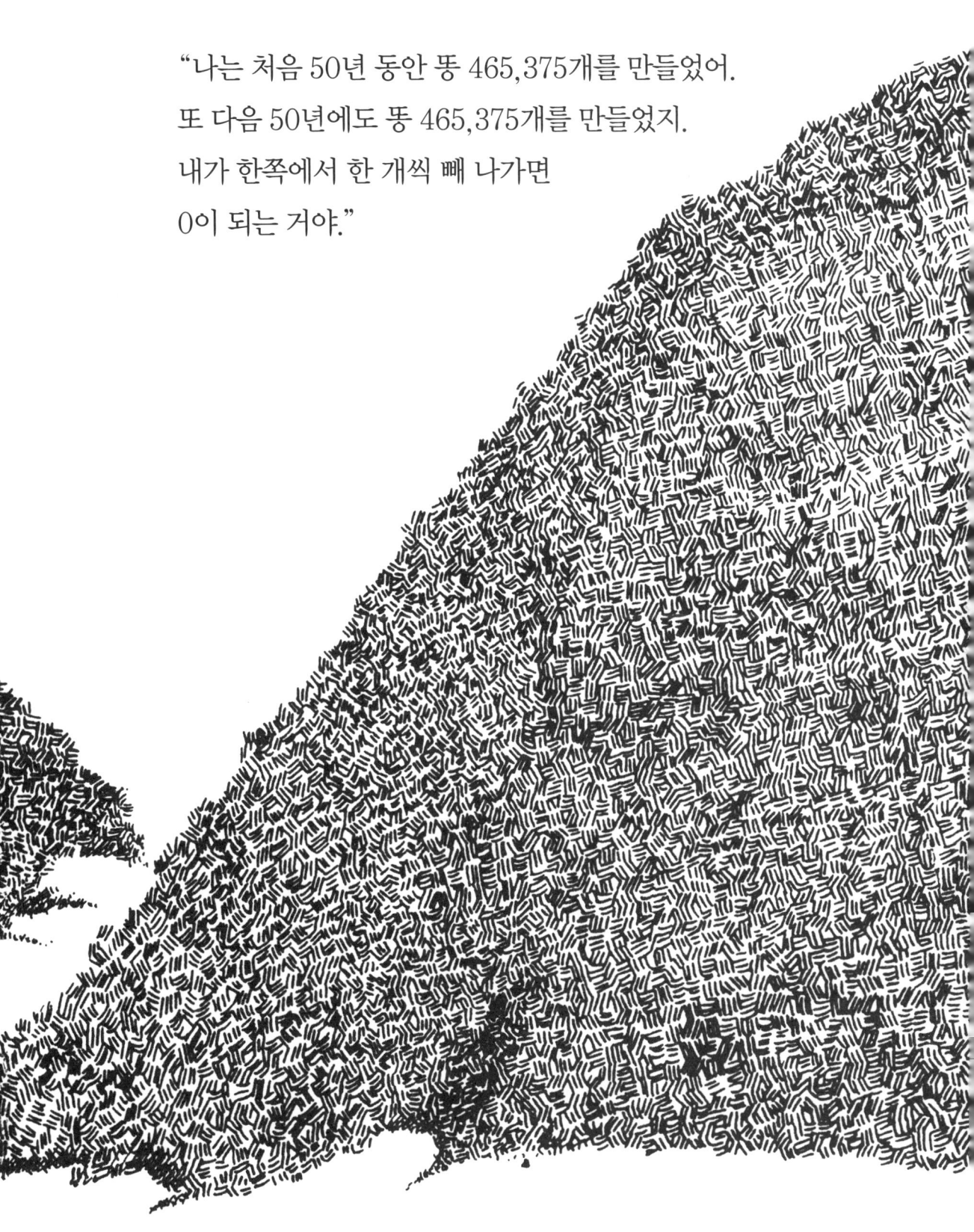

코끼리는 매우 행복했어요.
100년이 지난 후에야 0을 알게 되었지요.
더 이상 아무 생각도 나지 않았어요.
풀과 나뭇잎과 더하기와 빼기에 대해서도 말예요.

코끼리는 조용히 발걸음을 옮겼답니다.
더 이상 똥을 만들 수 없었던
다른 코끼리들이 사라진 방향으로요.